Ulla Fichtner

DENK MAL NACH!

Band 1

Gedanken zum Zeitgeschehen

Impressum

Bibliografische Information der Deutschen Nationalbibliothek:
Die Deutsche Nationalbibliothek verzeichnet diese Publikation in der Deutschen
Nationalbibliografie; detaillierte bibliografische Daten sind im Internet über http://dnb.dnb.de
abrufbar.

Herstellung und Verlag: BoD – Books on Demand, Norderstedt

ISBN: 9783734781599

Vorwort

Auf die eine oder andere Art beschäftigen wir uns alle mit dem, was um uns herum und in der Welt geschieht.

DENK MAL NACH! nimmt aktuelle Themen des Zeitgeschehens, die uns alle betreffen, auf und interpretiert sie auf eine ernsthafte sowie gleichzeitig ironische Weise.

Das Buch ist weder als Ratgeber noch als ein Befehl zu verstehen.

Vielmehr soll es dazu anregen, sich die Frage zu stellen, wie wir mit dem Genannten umgehen und ob wir etwas verbessern wollen, damit wir, unsere Familien sowie alle, die uns etwas bedeuten, zukünftig noch lange ein lebenswertes Dasein auf diesem Planeten haben werden.

Inhaltsverzeichnis

Großstadt

Farbe der Großstadt

Anthrazit

Aschgrau

Betongrau

Feldgrau

Rauchgrau

Mausgrau

Schiefergrau

Silbergrau

Das Dasein in der Stadt befindet sich in einem Zustand
zwischen LEBEN = WEISS und TOD= SCHWARZ

Hallo Großstadt

Hallo Großstadt,
du Gegend ohne Landschaft,
wo seelenlose Körper geschäftig umhereilen,
getrieben von Gier, Geld und Macht.

Hallo Großstadt,
du lärmender Moloch,
wo sonst ist man einsamer, verlassener, verlorener,
als in deinen Straßen und Häuserschluchten?

Hallo Großstadt,

du El Dorado für Gangster und Verbrecher,

die in deiner Anonymität Unterschlupf finden.

Was wird aus deinen Bewohnern,

die sich an Regeln halten?

Hallo Großstadt,

deine Luft ist durchtränkt vom Gestank des Mülls, Benzins

und hemmungslosem Egoismus.

Wie hält man es hier aus?

Ich ziehe von dir fort und überlasse dich deinem Schicksal!

Reizüberflutung

Mein Mittagessen.

Ich beiße von einem Burger ab, der alle Geschmacksrichtungen

miteinander vereint.

Süß, sauer, bitter, salzig und umami.

Der Geruch von abgestandenem Bratfett kriecht durch meine Nase.

Da ertönt eine lärmende Stimme aus dem Bahnhofslautsprecher.

Ich vernehme das gleichzeitige Quietschen der einfahrenden Züge,

vermischt mit dem Gerede in der Menschenmenge und den blinkenden,

schrillen Lichtern der mich umgebenden übergroßen digitalen

Werbebildschirme,

ihren schnellen Bewegungen und grellen Farben.

Mein Handy klingelt, eine weitere E-Mail.

Das alles verursacht Übelkeit und Stress bei mir.

Mein Herz rast, der Blutdruck steigt.

Ich fühle mich erschöpft und überfordert.

Schnell werfe ich noch eine Pille ein,

dann geht es mir gleich besser.

Individualität und Großstadt

Individualität

Individualitä

Individualit

Individuali

Individual

Individua

Individu

Individ

Indivi

Indiv

Indi

Ind

In

I   VERSCHWUNDEN

Stadtautobahn

Ein Hoch auf die Technik, sie macht alles besser.

Dank ihr gibt es endlich die neue Stadtautobahn.

Doch leider steht man im Stau.

Es gibt kein Vorankommen.

Eine endlos scheinende Blechlawine, die Stoßstange an Stoßstange eine Vielzahl von Schadstoffen ausstößt und so für verpestete Luft sorgt.

Abgerundet wird das Ganze durch die verschiedenen Töne der Autohupen, die einen hohen Lärmpegel verursachen.

Zu Fuß wäre man schneller unterwegs.

Ein Hoch auf die Technik.

Hoffnung

Sie flohen aufgrund widriger Umstände aus ihrer Heimat

in die Großstadt eines fremden Landes.

Hier erhofften sie sich ein besseres Leben,

doch dies war vergebens.

Denn Arbeitslosigkeit, Migration, Wohnungsnot stellten sich ihnen

entgegen.

Auch hier stehen sie nun am Rand,

aus dem gesellschaftlichen Leben verbannt.

Anonym leben sie unter Fremden.

Sie spüren ein großes Gefühl des Verlusts

und ihnen wird ihre Hoffnungslosigkeit bewusst,

Welche Stadt?

New York, London, Berlin?

Wie wäre es mit Wien?

Obwohl eine Großstadt mit viel Gewühl,

hat es sich seinen Charme bewahrt,

mit viel Gefühl.

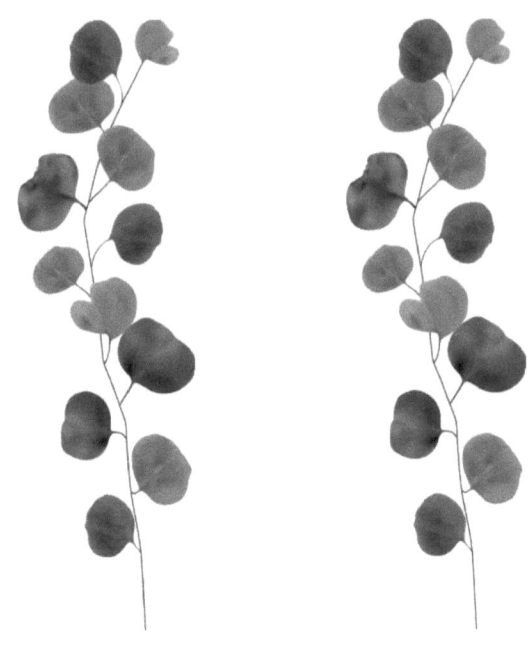

Natur

Waldsterben

Das waren noch Zeiten,
in denen man vor lauter Bäumen
den Wald nicht sah.

Heute ist man froh,
wenn die Bäume noch einigermaßen gesund sind.

X-mal

X- mal warnten uns Experten jahrzehntelang vor dem,

was nun auf uns zurollt:

Klimawandel,

Wasserknappheit,

Dürre,

Wald- und Artensterben,

Hungersnöte,

Naturkatastrophen.

Was haben wir dagegen unternommen?

NiX

Eingelullt sitzen wir in unserer Wohlstandsblase

und schauen tatenlos zu, wie alles den Bach hinuntergeht.

Doch das ist kein Film, kein Social-Media-Scenario, kein Traum.

Es ist ein realistischer Alb, der nur bewältigt wird,

wenn alle dazu beitragen.

Also: statt niX

               ganz fiX

aufstehen, anpacken, handeln,

damit der EXtremfall nicht eintritt

und wir weiterhin auf dieser einzigartigen Erde

EXISTIEREN!!!

Bienen

Nicht nur Naturvölker sterben aus.

Auch die Wildbienen kämpfen ums Überleben.

Ohne sie gibt es keine Kultur- und Wildpflanzen,

keine Obst- und Gemüsepflanzen.

Adieu Artenvielfalt.

Wasser

Wasser ist die Grundlage allen Lebens.

Es ist ein kostbares Gut, von dem es immer weniger gibt,

da wir es unnötig verschwenden für:

einen Pool im Garten,

überlanges Duschen und Baden,

unnötige Autowäschen.

Da wir es verunreinigen durch:

Chemikalien aus der Industrie,

Waschmittel,

Düngemittel aus der Landwirtschaft,

Speisereste, Öle, Fette, Hygieneartikel oder Farbreste, die wir achtlos

über die Toilette entsorgen.

Wasser ist die Grundlage allen Lebens. Wie lange noch?

Luftverschmutzung

Sie geschieht täglich und ist ein globales Problem.

Reine, natürliche Luft gibt es auf diesem Planeten nicht mehr.

Ruß, Staub, Rauch, Aerosole, Smog, Geruchsstoffe, Dämpfe

sind Beispiele dafür.

Luftverschmutzung zählt zur größten Ursache für Krankheit und

vorzeitigen Tod und befällt alle Organe und Systeme des Körpers.

Sie betrifft alle Individuen, vom Fötus im Mutterleib,

bis hin zu den Alten.

Wir können ihr nicht entkommen, aber unser Verhalten ändern,

um daran mitzuwirken, dass die Luftverschmutzung verringert wird:

Autofahrten reduzieren und Alternativen zum Auto nutzen,

Konsum einschränken, Fleischkonsum reduzieren,

Strom und Wärme einsparen,

keine Lebensmittel wegwerfen

Müll richtig trennen oder vermeiden.

Muss es unbedingt die Reise nach Thailand sein?

Deutschland hat ebenfalls schöne Erholungsgebiete.

Wie würden Sie die Liste ergänzen?

Moor

Fürchtest du dich vor dem dunklen, feuchten Moor?
Dann höre jetzt gut zu, hab' ein offenes Ohr!
Wir brauchen Moore rund um die ganze Welt,
damit diese noch lange hält.

Sie sind ein ganz besonderer Lebensraum.

Wie riesige Schwämme
sammeln sie schnell große Wassermengen.
Sie sind wirksame Wasser- und Kohlenstoffspeicher,
die dabei helfen, die Gefahr von Flutkatastrophen
und Überschwemmungen zu vermeiden.

Und fast die Hälfte des als Kohlendioxid in der Atmosphäre vorhandenen Kohlenstoffs binden.

Woanders kann man so etwas nicht finden.

Respekt

Menschen mit ‚Behinderung‘

Klaus hat eine ‚Behinderung‘.

Für die gibt es keine Linderung.

Statt mit dem Finger auf ihn zu zeigen,

lasst es bleiben

und bringt ihm Respekt entgegen.

Den hat er verdient, wie jedes andere Leben.

Arbeitsklima

Mit den Kolleg*innen verbringen wir mehr Zeit, als mit unserer Familie.
Lob, Respekt, Anerkennung, Wertschätzung wünscht sich jeder, nicht
nur privat, auch am Arbeitsplatz.
Jedoch kommen diese Faktoren gerade im beruflichen Umfeld allzu oft
zu kurz.

Frei nach dem Motto:

‚Nicht getadelt ist gelobt genug‘, unterschätzen viele Arbeitgeber*innen
und Kolleg*innen den Wunsch nach Anerkennung und Loyalität.
Das führt zu Unzufriedenheit, Motivationsmangel, verminderter
Leistungsbereitschaft, innerer Kündigung.

Deshalb ist es wichtig, dass zumindest ein Mindestmaß an Harmonie, Akzeptanz und Bestätigung im Berufsleben vorkommen.

Damit es nicht heißt:

„Was machst du beruflich?"

„Es niemandem recht."

Der Chef

Ein neuer Chef ist im Büro,
und ich bin froh,
dass er nicht wie sein Vorgänger ist,
der machte nur Mist
und schob die Schuld auf die anderen.

Er hatte vor niemandem Respekt,
behandelte alle wie Dreck.
Verlangte von ihnen Loyalität
und erkannte erst zu spät,
dass er sich mit seinem Verhalten
selber im Weg steht,
den Mitarbeitern auf den Nerv geht.

Von ihm kamen nur Tadel, nie ein Lob.

Das verstößt grob

gegen alle Regeln.

Und deswegen

entließ man ihn.

Schule

Du forderst Respekt für dich?

Dann schlag deinen Mitschüler nicht.

Wenn ihr euch nicht versteht,

dann holt euch Hilfe, fragt wie es geht.

Und ihr erfahrt,

dass man miteinander freundlich ist und hilfsbereit.

Damit ihr euch befreit

von Missgunst, Neid und Streit.

Nachbarschaft

Nachbarn sucht man sich nicht aus,
sie leben nun mal mit einem im selben oder im nächsten Haus.

Gute Nachbarschaft ist keine Selbstverständlichkeit,
denn es gibt des Öfteren Streit.

Gute Nachbarschaft beruht auf Toleranz
und nicht auf Arroganz.

Nette Nachbarn hat man gern,
die bösen sieht man lieber von fern.

Alt – Jung

Starrköpfige, verschrobene Alte,

durchgeknallte, unbeherrschte Junge.

Das sagen oft die Jungen über die Alten und umgekehrt.

Doch sitzen nicht beide Gruppen in einem Boot?

Die heutige Welt ist kinder- und altenfeindlich.

Das erkennt man an den fehlenden Kita-Plätzen,

der wachsenden Kinderarmut, den schlechten Pisa-Werten,

den mangelnden Spielmöglichkeiten, der fehlenden Sicherheit auf

öffentlichen Spielplätzen sowie dem geringen Verständnis für Kinder.

Alte gelten als Auslaufmodell.

Sie werden mit ineffizient betitelt.

Oft wird über ihre Köpfe hinweg für sie entschieden.

Es fehlen Altenheimplätze und das passende Pflegepersonal.

Viele können von ihrer minimalen Rente nicht ohne zusätzliche
Sozialleistungen oder einem Minijob leben.

Anspruch und Verwirklichung klaffen bei beiden Gruppen maximal
auseinander.

Wertschätzung und liebenswertes Verhalten,

sie alle ernst nehmen, niemanden entmündigen,

sondern in die Gesellschaft einbinden.

Ist das zu viel verlangt?

Respektlosigkeit

Gegenseitige Wertschätzung ist heutzutage
allzu oft Mangelware.
Das positive soziale Gefüge
ist allzu oft eine Lüge.
Respektlosigkeit breitet sich aus
und das nicht nur zu Haus.
Am Arbeitsplatz und in der Schule
leidet die Menschenwürde.
Wen kümmern schon die verletzten Gefühle
des anderen?

In den eigenen vier Wänden

„Respekt, wird maßlos überschätzt",
sagte er diabolisch lächelnd und er
ergoss einen Schwall abfälliger Bemerkungen
über ihr aus.
Schließlich war das sein Haus
und sie lediglich seine Ehefrau.

Liebe

Das erste Mal

Wie war das noch, damals?

Der Körper war vollgepumpt mit Glückshormonen.

Der Bauch kribbelte.

Tausend Schmetterlinge flatterten darin herum.

Das Herz raste, alles sah rosarot aus.

Und die Welt ließ sich für einen kurzen Augenblick umarmen.

Corona

Liebe in Zeiten von Corona,
so etwas war noch nie da.

Er sehnt sich sehr nach Zärtlichkeit,
doch die Angebetete ist unerreicht.

Er lebt hier und sie lebt dort,
sie sind nicht am selben Ort.

Wann wird endlich wieder alles ganz normal?
Das wäre wunderbar.

Die schnelle Nummer

Hektik und Stress des Alltags sind ungesund.
Ständig stehen wir unter Strom, wollen immer mehr
und es wird immer mehr von uns verlangt.

In unserem Kopf kreist ein dauerndes Gedankenkarussell.
Was muss noch alles erledigt werden?

Wie ein Hamster in seinem Rad laufen wir und laufen und
kommen nicht von der Stelle, werden nie fertig.
Für die ‚Liebe' bleibt nur die schnelle Nummer.
Entschleunigung wäre gut.

Aber wie?

<u>Wahre Liebe</u>

Zur ‚wahren Liebe' gibt es unzählige Redewendungen:

- ‚Die wahre Liebe trifft man immer, wenn man es am wenigsten erwartet'!
- ‚Wahre Liebe hält sich still, falsche Liebe redet viel'.
- ‚Wahre Liebe kennt keine Eifersucht'.
- ‚Wahre Liebe kennt keine Grenzen'.
- ‚Wahre Liebe besiegt alles'.
- ‚Wahre Liebe versetzt Berge'.
- …

Beschreiben diese Sprüche wirklich die ‚wahre Liebe'?

Vielleicht ist es leichter zu definieren, was sie nicht ist:

Sie ist:

- keine Währung
- kein künstlich geschaffenes Handelssystem
- kein Tauschgeschäft
- keine Verhaltensnorm
- nicht mit Angst besetzt
- nicht berechnend
- nicht begründbar
- nicht vom anderen abhängig
- nicht eifersüchtig
- nicht kontrollierend
- nicht einschränkend

Liebe ist häufig nicht für immer und ewig!

Stichwort ‚Liebe'

Liebe ist ein starkes Gefühl,

das manchmal untergeht, im wilden Gewühl

des Miteinanderlebens.

Doch ist nicht alles vergebens,

wenn man sich für sie einsetzt,

wird man belohnt und nicht verletzt.

Sehnsucht

Wenn sich jeder meiner Gedanken nur noch um dich dreht.

Wenn dein After-Shave-Duft immernoch in meiner Nase weht,

obwohl du längst nicht mehr bei mir bist.

Wenn jede Pore meines Körpers vor Verlangen vibriert

und ich trotz Hitze frier,

dann nenne ich das Sehnsucht nach dir.

Recht und Gerechtigkeit

Vor Gericht

Vor Gericht
wollte er nicht.
Er stahl doch lediglich
einen Apfel und eine Flasche Wasser.
Einen Anwalt konnte er sich nicht leisten,
bekam auch keinen Pflichtverteidiger.

Der Richter traf seine Entscheidung,
sie endete mit seiner Entkleidung
Nun trägt er Gefängnisklamotten
und kann nur hoffen,
nicht im Gefängnis zu verrotten.

Im Knast

Er hoffte so sehr auf einen milden Richter,

eher einen guten Schlichter.

Doch dessen Urteil war schnell gefällt.

Er sprach zwar Recht,

aber für ihn als Angeklagten war das schlecht.

Nun sitzt er im Gefängnis,

kommt dort in arge Bedrängnis.

Er hat Angst vor jedem neuen Tag,

weil er nicht weiß, was auf ihn zukommen mag.

Schnellstmöglich möchte er von dort entfliehen.

Jedoch würde das eine erneute Strafe nach sich ziehen.

Um diese zu vermeiden,

wird er weiter leiden.

Zwei verschiedene Dinge in einem System?

Recht und Gerechtigkeit,

was heißt das schon in unserer Zeit?

Die Begriffe werden oft synonym benutzt,

und man ist verdutzt,

denn sie bedeuten nicht dasselbe.

Das Recht besteht aus staatlich verankerten Gesetzen,

die dulden keine Hetze.

Das Recht, das sind die Normen,

in von der Gesellschaft verbindlich akzeptierten Formen,

deren Übertretung eine Strafe zur Folge hat.

Bei dem Recht handelt es sich um Regeln,

die nichts vernebeln,

sondern abwägen.

Die Gerechtigkeit, der Maßstab für das menschliche Verhalten,

lässt nicht einfach alles walten.

Es geht darum, dass Gleiches gleich behandelt wird,

was dazu führt,

dass die Grundform menschlichen Zusammenlebens

ist nicht vergebens.

Wo sie fehlt herrscht Unfrieden, zuweilen Krieg

und das ist dann für die Bösen ein Sieg

So kann ein Miteinander dauerhaft nicht gelingen,

so wird man nur die Menschen zwingen,

ungerecht und unfair zu handeln.

Damit das Zusammenleben in der Gesellschaft dennoch funktioniert,

gibt es das ‚Recht‘.

Es ist das Werkzeug, mit dem Gerechtigkeit in der Gesellschaft

hergestellt wird,

so dass es auch der Letzte kapiert:

‚Gleiches Recht für alle‘ ist ein wichtiger Aspekt,

damit nicht ein Schlitzohr etwas Böses ausheckt.

Mehr Geld – mehr Recht

Vor dem Gesetz sind alle gleich,

egal, ob arm oder reich.

So lautet der Grundsatz in unserem Recht,

doch umgesetzt wird dieser schlecht.

Diese Schieflage der deutschen Rechtsprechung hat strukturelle
Gründe,

denn die Reichen verteidigen ihre Pfründe.

Leisten sich teure Anwälte,

die behaupten, dass für ihre Mandanten ‚anderes' Recht gelte.

Diese bekommen keine Haft als Strafe,

sie zahlen stattdessen Geld.

Was ist das für eine Welt?

Die Polizei

Die Polizei
eilt schnell herbei,
wenn irgendwo ist eine Schlägerei.

Auch bei Verkehrsunfällen
reagiert sie helle.

Vermisste Menschen, Terror, Tod.
Sie hilft uns allen in der Not.

Sie sorgt für Recht und Ordnung,
das ist ihr Job,

und kämpft mit allen Mitteln

gegen Gewalt und den Mob.

Doch manchmal schießt und schlägt sie härter zu als nötig.

Und das endet dann tödlich.

Strafe

Strafe muss sein.

Sehen die Täter das ein?

Oftmals nicht.

Denn stehen sie vor Gericht

mit einem traurigen Gesicht,

argumentieren sie, alles sei unwahr,

stellen sich selbst als Opfer dar.

Dann kommt es auf erfahrene Richter an,

die sodann

alles genau überprüfen und hinterfragen,

um danach ein gerechtes Urteil zu sagen.

Opfer

Er ist zum Opfer geworden,

mit all den Sorgen,

die sich daraus ergeben.

Damit zu leben,

ist nun schwer.

Unterstützung bekommt er von nirgendwo her.

Freude

Das Geschenk

Das Geschenk ist eine Gabe,

an der ich viel Freude habe.

Das Geschenk, es kommt von dir.

Damit sagst du mir:

Du hast mich lieb und denkst an mich.

Was wäre ich nur ohne dich?

Die Umarmung

Deine Umarmung ist ein auf die Haut geschriebenes Liebesgedicht.
Sie baut mich auf, setzt meine zerbrochenen Teile und meine
geschundene Seele wieder zusammen.

Sie sagt mehr als tausend Worte, beruhigt mich, lässt mich alles
Negative vergessen.
Denn deine Umarmung ist zärtlich und süß.

Sie ist Freude und Glück.

Familienfest

Sie planen ein Familienfest,

das die Herzen höher schlagen lässt.

Von allen Seiten eilen sie herbei,

sind ganz versessen auf die Feierei.

Denn gemeinsam hat man mehr Freude am Dasein.

Der neue Job

Endlich den Traumjob gefunden, der Spaß macht.

Für den Rest des Lebens könnte es so bleiben:

- angemessenes Gehalt

- neue, sympathische Kollegen

- netter Chef

- schönes Büro

- gutes Essen in der Kantine

Wenn nicht wieder das Schicksal dazwischenfunkt.

Ein Lächeln in der Menge

In der Fußgängerzone über alle Menschen hinweg,
da war es, dieses unglaubliche Lächeln,
das auch mir ein Schmunzeln ins Gesicht zauberte.

Diese Begegnung für einen kurzen Augenblick
war ein Lichtblick in dieser dunklen Zeit.

Das ABC der Freude

A wie Abendeseen mit der Familie

B wie Bilder im Fotoalbum betrachten und nicht auf dem Handy

C wie Chaos in Grenzen zulassen

D wie dankbar sein für jeden Tag

E wie ehrlich bleiben

F wie mit dem Fahrrad über die Felder fahren

G wie Glücksmomente genießen

H wie hilfsbereit sein

I wie Interesse für andere zeigen

J wie jubeln, wenn etwas gut gelungen ist

K wie Kochen mit dem Partner

L wie Lieben, Lesen, Lachen

M wie mutig sein, wenn es erforderlich ist

N wie niemals seine Neugier verlieren

O wie offen und optimistisch bleiben

P wie positiv denken

Q wie Qualität statt Quantität im Leben zulassen

R wie Regeln beachten

S wie Sonnenuntergänge am Meer erleben

T wie tolerant gegenüber anderen sein

U wie Unternehmungen mit Familie und Freunden

V wie verwöhnen

W wie Werte aufrechterhalten

X wie x-fach gute Laune versprühen

Y wie Yogaübungen zur täglichen Entspannung

Z wie Ziele im Leben haben und zumindest versuchen, sie zu erreichen

Leben

Stationen

Erst ist man noch klein,
das ist ganz fein.

Dann wird man erwachsen,
macht viele Faxen.

Erst zum Ende hin
versteht man des Lebens Sinn.

Leitlinien für das eigene Leben

- Im Hier und Jetzt leben
- Frieden mit der Vergangenheit schließen und sich auf die Zukunft freuen
- Niemand ist für das eigene Glück verantwortlich
- Sich nicht mit anderen vergleichen oder diese verurteilen
- Zulassen, dass es im Leben zuweilen verrückt zugehen kann
- Erkennen, dass man einzigartig und dennoch Teil eines Ganzen ist
- Wissen, was man will
- Entscheidungen treffen
- Eine positive Grundeinstellung einnehmen
- …

Lebensweg

Der Lebensweg ist eine Reise,
die irgendwann einmal zu Ende geht.

Niemand weiß, wann das sein wird,
wie viele Lebensstationen man erreicht,
wie viele Abzweigungen und Umwege es gibt.

Doch mit jedem Schritt wachsen und lernen wir.
Solange, bis unser Ende erreicht ist.

Der schönste Tag

Für viele Menschen ist das die erste Begegnung mit ihrem
Lieblingsmenschen, gefolgt von ihrem Hochzeitstag.

Für andere ist es der Tag der Geburt des Kindes
oder der lang ersehnte letzte Arbeitstag.

Doch müsste man nicht jedem Tag die Chance geben,
der schönste zu werden?

Lebensfreude

Was gehört dazu?

Spaß am Leben

Positive Einstellung zum Leben

Lust auf Abenteuer

eine Portion Glück

Romantik

Freunde

Selbstbewusstsein,

Vitalität

Optimismus

Kreativität

Energie

Erfolg

Familie

Partner

genügend Zeit

Sport, gesunde Ernährung

Musik

Natur

Spaziergänge am Meer

ein Bergpanorama

…

Krankheit

Gefesselt

Er ertrug viel, auch diese schwere Krankheit,
von der er wusste, dass er sich nie erholen wird.

Er war noch so jung, mit unvollendeten Plänen
im Kopf, die es galt in Taten umzusetzen.

Doch, „ans Bett gefesselt zu sein", hatte er
sich irgendwie anders vorgestellt.

Krankenhaus

Das Krankenhaus
ist manchem ein Graus.
Dort gibt es zu wenig Ärzte und Pfleger
so dass ein jeder
froh ist, wenn er dort nicht hin muss

Beim Arzt

Laut Arzt bin ich jetzt wieder genesen.

Er sagt, die Krankheit ist gewesen,

sehr heftig und sehr lang.

Ihm wurde schon ganz bang.

Doch verflogen sind nun seine Sorgen,

auf mich warten noch viele Morgen.

Gute Ärzte sind nötig in diesem Land.

Das haben wir spät genug erkannt.

Im Hospiz

Meine letzten Tage darf ich hier verbringen,
muss nicht mehr mit dem Leben ringen.

Hier finde ich endlich meine Ruh'.
Und schließe für immer die Augen zu.

Symptome

Du siehst blass aus und bist völlig fertig.

Du sagst, dass du Null Appetit und kein Durstgefühl hast.

Du träumst vor dich hin und bist leicht ablenkbar.

Du machst Fehler bei der Arbeit und hörst nicht zu.

Du befolgst keine Anweisungen und bist unkonzentriert.

Du hast Schwierigkeiten, deine Emotionen zu regulieren und
dich für etwas zu motivieren.

Kann es sein, dass du lediglich mehr Aufmerksamkeit benötigst und
dieses ein stummer Hilfeschrei nach mehr Zuneigung ist?

Notruf

Im Notfall wähle 112,

schnell eilt der Rettungswagen herbei.

Kommt er dann nicht,

hat sich sicherlich

ein Klima-Aktivist

auf der Straße festgeklebt,

weil er nach Aufmerksamkeit für das Klima strebt.

Das ist zwar fein,

doch sollte er bedenken:

Den Notruf wählt man nicht aus Jux und Tollerei,

sondern in der Not.

Bei Verspätung des Rettungswagens sind die Kranken/Verletzten

oft schon tot.

Protest für das Klima
ist zwar prima.

Aber bitte so,
das niemand gefährdet wird.

Tod

Warum

Wenn ein Mensch von uns gegangen ist, fragen wir oft nach dem
WARUM?

WARUM er/sie und nicht ich?
WARUM jetzt und nicht später
WARUM auf diese Art?

Eine plausible Antwort darauf gibt es nicht.
Aber der Versuch, sich so mit unserer Trauer auseinander zu setzen,
hilft uns, sie zu verarbeiten.

Zu früh

Du bist zu früh gegangen,

was hätten wir nicht alles noch miteinander angefangen.

Ich kann es noch immer nicht fassen,

du hast mich hier alleine zurück gelassen.

Es gibt keinen Trost für mich,

denn ich vermisse dich

UNENDLICH!!!

Auf dem Friedhof

Vogelgezwitscher, wohin man hört.
Trotzdem es nicht die Ruhe stört.

Die Blumen blühen bunt und schön.
Es ist eine Freude hier spazieren zu gehen.

Links und rechts der Wege stehen die Bäume im saftigen Grün.
Man muss sich nicht erst bemühen,
zur Erholung woanders hinzugehen.

Alles, was man dafür benötigt ist an diesem Ort, dem Friedhof.
Der einzigen Grünanlage in dieser Stadt.

Sarg oder Urne

Urne oder Sarg
wurde er gefragt,
als er seine Frau zur letzten Ruhe betten wollte.

Keine leichte Entscheidung, die er treffen musste,
da er nicht wusste,
welches die bessere Lösung war.

Trauer

Dieses Gefühl der Machtlosigkeit,
das dir die Kehle zuschnürt.

Du versuchst verzweifelt, auszudrücken,
was du empfindest.

Es gelingt dir nicht.

Stattdessen rinnen dir unaufhörlich die Tränen über das Gesicht.

Zeit

Restzeit

Wie viel Zeit bleibt uns noch,

bis wir für immer Abschied nehmen?

Was machen wir mit der uns verbleibenden Zeit?

Nutzen wir sie sinnvoll?

Oder verplempern wir sie für unnütze Dinge und Tätigkeiten.

Wie gut, dass niemand von uns weiß,

wann die letzte Sekunde schlägt.

Vergangenheit, Gegenwart, Zukunft

Gestern, heute, morgen

Kummer, Leid und Sorgen

begleiten uns zu jeder Zeit

genauso wie Freude, Liebe und Zuversicht

nur sieht man letzteres oftmals nicht.

Zeit 1

Die Zeit, sie steht nie still,

wenn man so will

ist sie ein Dauerrenner,

wird mit dem Alter immer schneller

Wo ist die Zeit für Freude und Lachen,

für einfach mal Faxen machen?

Wohin ist sie gegangen?

Zeitgeist

Unser Fühlen, unser Denken,
lässt sich das so einfach lenken?
Sind wir wirklich oft so dumm,
stehen nur belanglos herum,
wenn Menschen anderen Leid zufügen,
muss man sie dann nicht mehr als nur rügen?

Im Zeitgeist von heute ist es modern,
vieles von heute auf morgen zu vertagen.
Das heißt versagen.
Denn damit machen wir gar nichts gut.
Im Gegenteil, bei einigen Leuten regt sich Wut,
die immer heftiger wird.

Wenn dann etwas explodiert,

sagen die Verantwortlichen meistens:

„Davon habe ich nichts gewusst."

Denn im Abstreiten sind sie ganz fleißig.

Was bleibt ist der Frust.

Freizeit

Reisen, Segeln, Schwimmen, Lesen,

Kegeln, Gärtnern, Schreiben

Spiele aller Art

Musizieren, Malen

Sportliche Betätigungen

Schick essen gehen

Tanzen, Freunde treffen

…

Oder:

Einfach mal faul sein und nichts machen.

Es lebe die Freizeit!

Zeit 2

Wer immer nur nachdenkt über Gott und die Welt,

wie er anderen gefällt,

nicht handelt, ohne Antrieb, nach Höherem zu streben,

der verschwendet sein Leben,

weil er nichts beginnt

und die Zeit ihm zerrinnt.

Nie steht sie still,

sie verschwindet, wenn man so will,

unbemerkt.

Deshalb ist es verkehrt,

auf eine spätere, bessere Zeit zu warten.

Ich kann nur raten:

Genieße jede Stunde, Minute, Sekunde

weil es ungewiss,

wie viel davon noch übrig ist.

Denn am Ende seines Lebens erkennt jeder:

Zeit kann man sich nicht mit Geld erkaufen,

dumm gelaufen.